小森美登里

遺書

わたしが15歳で
いじめ自殺をした理由

WAVE出版

私の名前は小森香澄《こもりかすみ》。

歳《とし》は15歳。

音楽が好きで、友達がたくさんいて、どこにでもいる子。

夢は、スキューバダイビングのライセンスを取って、海のなかで魚と一緒に泳ぐこと。

将来《しょうらい》は彼氏がほしいな。手なんかつないでみたいな。

大好きな彼と結婚して、赤ちゃんを産んでお母さんになって、音楽のある、あたたかい家庭《かてい》をきずきたい。

私はそんな平凡《へいぼん》な15歳の女の子。


1982年12月22日、私はこの世に生を受けました。

お母さんは結婚した時、子どもを産む気は全然なかったらしい。

理由は「子どもたちがこれから生きる将来に何だかとても不安を感じた」からだそう。

でも結婚直後に卵巣《らんそう》の病気が見つかり、手術をしたあと先生から「子どもを産むなら急いで」と言われて、「急にあせって何だかいきおいで産んじゃった」そうです。

〝いきおい〟なんて、私に対して何と失礼な。

お母さんはね、私がお母さんとお父さんを選《えら》んで生まれてきたことをどうやら知らないみたい。

私が生まれたあと、出産祝《しゅっさんいわ》いにもらったアルバムの最初のページにお父さんとお母さんはこんな言葉を書きました。

お父さん「丈夫で素直《すなお》な子に育ってください」

お母さん「人の痛みのわかる　優しい女の子になってください」

二人はこの言葉を書いたあと、私の顔をのぞき込みながら、何度も何度も「生まれてきてくれてありがとう」と言っていました。

その後、私はアトピー性皮膚炎《せいひふえん》で苦《くる》しみました。

あれは本当につらかった。

夜はまったく眠れない。どうも昼より夜のほうがかゆみが増すようなんです。

私もお母さんも、私が3才になるまでのあいだ、まともに朝まで寝たことは一度もなかったんですって。

私は昼間寝ていたけど、昼も夜も眠れないお母さんは大変だったかもしれないね。

でも、治療を続けていくうちにアトピーも少しずつ良くなってきて、小学校に入学してからはなんとか夜は眠れるようになり、元気にすごしていました。


小さいころから私は、単独行動《たんどくこうどう》が大好き。

スーパーに行くと、お母さんと離れてよく探検《たんけん》していた。

一人でふらふらしている私を、お母さんは陰《かげ》からのぞいてこっそり追いかけていたらしい。

試食《ししょく》を食べてまわるのが大好きなので、食品売り場ではあちこちお散歩しながらお腹いっぱい。

「これちょうだい」と、ものおじせず試食をせまる私の腕を、何度お母さんに引っぱられたことか。

幼稚園の入園式では、見るもの触《ふ》れるもの、すべてがめずらしくて興味津々《きょうみしんしん》。

みんなで集合《しゅうごう》写真を撮《と》る時には、じっと座っていることができなくて、ずいぶん迷惑《めいわく》かけてしまいました。

このころから、お友達からおもちゃをとられても、砂をかけられても、突き飛ばされても、それでも淡々《たんたん》と自分の世界で遊べてしまうのんびり屋。

とにかくあらそいごとが大きらい。

これは間違いなくお父さんの性格を引きついでいる。

幼稚園の時の強烈《きょうれつ》な思い出は、お父さんとお母さんと一緒にサイパン旅行へ行ったこと。

二人とも海が好きで、私もだいぶ大きくなったからそろそろ旅行でもしようか、ということだったみたい。

はじめてサイパンの海に出会った私はビックリ！

あまりの海の青さとその美しさ、そして自然のなかで生きている魚やウミガメを見て大興奮《だいこうふん》。

私は、この旅行がきっかけで、サイパンと海に関するものが大好きになった。

その時、海を見ながら「ねぇ、お母さん。こんなにきれいな海を人間が汚しちゃいけないよね」と言うと、お母さんもうれしそうに「そうだ、自然を守ろう〜！」とガッツポーズ。それから私は、シャンプーや洗剤《せんざい》を買う時にはかならず成分表示《せいぶんひょうじ》をチェックするようになったのです。

そしてその後も何度か訪れるたびにサイパンや海がどんどん好きになり、いつしか私は、「大人になったらこの島の教会で結婚式をあげたい」という夢を見るようになっていました。

でも実は、こんなに私が大好きなのに、お母さんは一度だけサイパンへの家族旅行をキャンセルしたことがあった。

理由はなんだと思う？

算数のテストの点が平均点《へいきんてん》にとどかなかったから。

ある日突然、お母さんは私にこう言った。

「算数が本当に苦手《にがて》だね。せめて平均点ぐらいとりなよ。もし次のテストで平均点とれなかったら、今年はサイパン行かないよ」

ショック～！

だって私は算数なんか大きらいなんだよ。数字見てると頭が痛くなっちゃう。

でもサイパンは行きたいから、私も一応がんばってはみたけどね。やっぱり平均点は遠かった。

そして、お楽しみの旅行は本当にキャンセル。

お母さんも実はかなりガッカリしながら、「これでよし。ここで親がゆずってはならない」なんて、自己満足《じこまんぞく》していたっけ。

その後も算数の塾に通ったけど、やっぱり好きにはなれなかったし、いつまでたっても平均点はとれなかった。

ところで平均点って何？

みんなの点数をたして、人数分で割った数字って何？

これに届かないと、楽しみをうばわれたり、まるでダメな人間みたいにあつかわれちゃうの。

あのころ私は、算数、英語、ピアノを習《なら》っていたよね。

でもね、私は英語にもピアノにも興味はなかったんだよ。

まだ吹奏楽に目覚めていなかったあの時の私が一番習いたかったのは、絵。

絵画教室に行きたかったなぁ。

正体のわからない「平均点お化《ば》け」にこころをうばわれたお母さん。

大切なのは、好きなこと、興味《きょうみ》のあることを伸《の》ばすことだと思うよ。

そのほうが、人生楽しそう。


そんな私は、幼稚園から小学校にかけてよく両親から、

「自分がされてイヤだったことはほかのお友達にはしてはいけないことなんだよ。やりかえしちゃダメだよ」

と言われて育ちました。

これは本当に何度も言われていたな。

「やりかえしてはダメ」これが私の両親の、子育てのポリシーだったのです。

そのせいか、私は小学校に入ってからも、たとえお友達から傷つけられることがあったとしても、そのお友達を傷つけることがないようにつねに気をつけていた。

すでにこのころ、私の性格は確立《かくりつ》されたのかもしれない。


ちなみに、私は人を笑わせるのが大好き！

たまには、ネタを仕込んで登校、なんてこともしていたな。

「私ケータイ買ったんだぁ！」と言って、テレビのリモコン出してみたり。

その日お母さんは家でリモコンを探しまわっていたとか……。

給食に出てきた冷凍ミカンや４分の１にカットしたリンゴを一口で食べたり、先生や、ＣＭの物まねもしてまわりを笑わせていた。

ほかにも冗談言ったり色んなことしたけど、けっこうウケてたと思うよ。

幼稚園の時から、「香澄ちゃんは将来ヨシモトね」なんて、よく言われたものだ。

おかげで友達はたくさんいたので、学校がすごく楽しかった。

勉強はきらいだけど、友達づくりは大得意。

なので、友達と力をあわせてやる運動会や、さまざまな学校行事も大好き。

１泊２日で日光に行った小学校の修学旅行は、それはそれは楽しかった。

いろは坂で出会ったお猿さん、華厳《けごん》の滝、東照宮《とうしょうぐう》の鳴竜、足尾銅山《あしおどうざん》。

みんな感動した。

でもね、一番うれしくてワクワクしたのは友達とお泊まりしてすごすことができたこと。
おばあちゃんになるまできっとこの思い出を忘れることはないだろうなって思ったよ。

小学校高学年になると、友達からずいぶん相談事も受けるようになってきた。
私ってそういう時ついつい真剣になっちゃうんだよね。
どうも友達をほっとけないタイプ。それともおせっかい？

小学校5〜6年で同じクラスだった友達のエッちゃんはある時悩んでいた。
どうやらクラスの子にいじめられているらしい。
でも、そのことをくわしく私に話してはくれなかった。
私と一緒にいる時はとても楽しそうなんだけど、それ以外の時はいつもさびしそう。

実はそのころ私も担任の先生からいじめを受けていた。
女の先生なんだけど、いつもイライラして私につらくあたってくる。

ある時、私の席のとなりを通った時、私の机の脚《あし》を思いきり蹴《け》っていった。

大きな音とその衝撃《しょうげき》に驚いたことをはっきり覚えている。

私をにらみつけるような視線と、その時の大きな音はそのあともずっと私を苦しめた。

大きな「ドカン！」という音を聞くと、心臓《しんぞう》がドキドキしてしまうんだ。

その先生は、宿題を忘れた私に反省文《はんせいぶん》を書かせたことがあった。

でも先生は、反省文を鉛筆ではなく色のついたペンで書いた私に、「なんで鉛筆で書かないのよ！」と怒って、読みもせず目の前でその反省文をやぶったんだった。

私は、宿題をやるのがますますイヤになり、お母さんにあたりちらしていたのはこのころだ。

確か、小学校5年生だった。

お母さんはそんな私のことを近所のおばさんに「うちの子今反抗期《はんこうき》なのよ」なんて言ってた。

お気楽《きらく》だね、なんて思いつつ、私はいじめの事実についてお母さんには言わなかった。

あの時は、自分がすごくみじめで、先生から自分がいじめられているという事実を認めるのもイヤだった。

心配させたくないとか、いろんな感情が入りまざっていて、素直に気持ちを表すことはできなかった。

そんな私と、やはりいじめを受けているエッちゃんは、帰りに毎日保健室へ寄って、保健のI先生と話してから帰っていた。

別にいじめられていることを先生に話すわけじゃない。

I先生と話していると、とても気持ちが楽になったから。楽しかったからだ。

保健室は、私たちにとってとても安心できる場所だったんだ。

家でもない、教室でもない、ただ優しい空気を二人はそこに感じていた。

つらいことを吐《は》き出す訳ではないけれど、いつでもI先生がいるあの場所が好きだったんだ。

だって、カウンセラー室の予約はちょっと勇気がいる。

もし予約したことが誰かにばれちゃったらやだなって思うし、予約するには理由も必要。

その点、保健室はどんな理由でも行けちゃう。

頭が痛い、お腹が痛い、ちょっと気持ちが悪い。

そして、こころが元気になったらまた教室へ戻ればいい。

優しい先生がいるそんな保健室が私は好きだった。

そんなつらい経験をしていたころ、私はある運命的《うんめいてき》な出会いをした。

それは、学校に演奏しにきてくれたN高校の吹奏楽部《すいそうがくぶ》。

私はその音を聞いた瞬間《しゅんかん》、体がふるえた。

体中の血がかけめぐり、鼓動《こどう》が激しくなった。

でもそれでいて、あたたかい空気が心地《ここち》よく体育館をつつみ、どう表現したら良いかわからないほど……優しく魂《たましい》をゆさぶる音だったんだ。

私はこの優しい音に魅了《みりょう》された。

その当時、N高校の吹奏楽部を指導されていたN先生は「音楽はこころ」という信念を持って、生徒たちに指導にあたられていたんだ。

そのこころが、音魂《おとだま》となって、私のこころにもしっかり届いた。

こころふるわせるその音色は、小学生の私をとりこにした。

私はその日、家に帰ってすぐにその興奮をお母さんに伝えた。

「お母さん、私あの学校に行く。あの吹奏楽部に入る！」

もちろん中学に入学した私は吹奏楽部に入部。

トランペットをやりたかったけど、顧問《こもん》からパーカッションをやるように言われてしぶしぶ首を縦にふった。

「まぁ、お父さんもドラムの経験者だし、いいか」って自分を納得させた。

実はこの中学校の吹奏楽部顧問が大問題！　ひいきはあたり前で、気に入らない子は徹底的にいじめる。

気分屋で、生徒たちのこころを傷つけて部活内をメチャクチャにしたことが何度もあった。

特に理由もなく急に部活停止された時は、皆で本当に悩み苦しんだ。

とにかく訳《わけ》がわからない。

その意味のわからない部活停止は中1と中3の時の2回。

中1の時の部活停止は、入部間もなかった時のことなので、練習できないことがとてもつらかったという印象が強く残っているだけで、その時は理由がわからなかった。

中3になった時は、ある日突然その顧問が、

「部活停止の理由はおまえらにある。胸に手をあてて考えてみろ。わかったら報告にこい」

と言ったまま練習は何日も停止状態になった。

コンクールが近いのに練習できないなんて……、と不安がつのるなか、みんなで悩んで夜の公園にあつまり、泣きながら自分たちの反省点なんかを話しあった。

それでもやっぱり部活停止の理由がわからない。

部長はアンケートをつくりみんなに配って、それぞれの今までのふり返りや反省点を書いてもらい、それを自分で集計しようとしたり、色んな努力をしていた。

でも、部活停止の理由につながる問題点は見つからなかった。

そんなふうにみんなが何日も悩んでいたある日、突然の部活再開。

そこであらためて部活停止の理由を先生に聞いたら、

「コンクールの本番前、緊張感《きんちょうかん》を生むために部活停止もいいかな？　と思ってやった。2年前やった時もけっこうよかったから、またやってみた」

と言った。

え……？　意味わかんない。マジむかつく！

その後もこのことがきっかけで、部活内はさまざまな問題を生み、人間関係はメチャクチャになった。

3年生として精一杯この問題に向きあってきたつもりだったが、後輩たちからの信頼までもくずれてしまったような気がする。

実は、この間にできたみんなのこころの傷はとても深くて、これがきっかけで部長だったユミちゃんは卒業までほとんど学校にくることができなくなってしまった。

何日も眠れず、食事もままならないほどに悩んでいたんだ。

そのことは、ユミちゃんの進学問題にも大きく影響することになった。

最初に目指していた公立高校ではなく、私立高校を受けることが決定的になったのだ。

その後のユミちゃんが、その私立の高校で楽しくすごすことができたのがせめてもの救い。

でも、こころの傷は残っているんだろうな。

最悪なことに、この顧問は私が中学3年の時の担任だった。

部活以外でも私はこの先生からひどい目にあわされた。

あの時、友達がいてくれてよかった。一人ぼっちじゃなくて良かった。つくづくそう実感している。

なぜなら、もしあの時一人ぼっちだったら、私は自分がどうなっていたかわからないから……。


中学3年のある日、私はその担任に呼ばれ、こう言われた。

「今度のコーラスコンクールだけど、小森、指揮《しき》やってくれよ。ずっと指揮していたAが、急に指揮できなくなったんだよ。頼んだぞ」

私は歌が大好き、音楽が大好きだから、先生からのこの申し出はとてもうれしかった。

「私コーラスコンクールで指揮者になったんだよ！」

と、うれしくて帰るなりお母さんに報告すると、

「すごい！　やったね！　がんばれ〜！」

とお母さんまで大はしゃぎ。

私が指揮するその曲は「翼《つばさ》をください」。

コンクールまではあと8日。

わずかな時間だけど、精一杯《せいいっぱい》がんばるぞ！


その晩から、お父さんとの特訓《とっくん》がはじまった。

お父さんは子どものころからドラムをやっていたので、リズムにはかなり厳《きび》しい。

練習が進むにつれ、リズムを体の動きでうまく表現するのはとてもむずかしいことだと、だんだんわかってきた。でも逆にそれがとても楽しいことなんだということも、お父さんから教わった。

そして日を追うごとに、私のなかのワクワクした気持ちは大きくなっていった。

仲間と一緒にこころをこめて「翼をください」を歌うんだ！

体育館の人たちを感動させるんだ！　と、私は本番当日をとても楽しみに待っていた。

そんなワクワク感全開のコーラスコンクール2日前、担任は突然、私にこう言った。

「やっぱりAが指揮するって言ってるから、小森指揮しなくていいよ」

コンクールの当日、私は学校を休んだ。その翌日も。

先生の顔を本当に見たくなかった。

あの顔を見たら、胸がドキドキして泣き叫んだかもしれない。

そして、体もふるえだしてしまったにちがいない。

あと、哀《あわ》れそうに私を見る友達の顔も想像できたし、そんな友達にも会いたくなかった。

あんな先生のいる学校に、もう二度と行きたくなかった！

行きたいけど、行きたくなかった！

あそこには大好きな友達がたくさんいるのに！


私はこの先生の言動や行動が前からまったく理解できなかったので、好きではないというレベルではなく、本当に大きらいだった。

多くの友達がこの先生の理不尽《りふじん》な言動と行動によって深くこころを傷つけられた。

部長のユミちゃんだけではなく、この先生が原因で何日も学校に行けなくなってしまった子がほかにもいたくらいだ。

友達が傷つく姿をいつも目にしていることは本当につらかった。

友達が傷ついているのに、どうしたら守れるのかがわからなくて、何もできない自分を責めていた。

大人は「傍観者《ぼうかんしゃ》も加害者《かがいしゃ》」なんて言うけど、友達を守れない苦しみ、もしなにか行動すればかならず自分に仕返しがくる恐怖がわかる？

私たちはその学校へ、その教室へ、その部活へ毎日通わなければならないんだよ。

1日のほとんどの時間をすごす場所なんだよ。

次は自分がターゲットになるという圧倒的《あっとうてき》な恐怖《きょうふ》を、大人にも理解してほしい。

今のいじめは、本当に怖《こわ》いんだよ。こころへの虐待《ぎゃくたい》なんだよ。


私もこの先生から直接的に傷つけられたのは二度や三度ではなかったんだ。

一年の時からずっとだった。

ぜんぜん納得のいかない理由を私に押しつけ、全員の前で私を怒った時は、みんなが私のことを心配してかばってくれた。

あんなにつらい思いを何度もさせられたというのに、指揮を頼まれた時どうして私は素直に喜んでしまったんだろう。

どうして自分が本当に指揮できるなんて信じてしまったんだろう。

私は先生から「指揮はしないでいい」という言葉を受け、深い悲しみ、怒り、大人への絶望感《ぜつぼうかん》が、こころと体のなかで充満《じゅうまん》していくのを実感した。

くやしくて悲しくて眠れなかったし、ご飯も食べられなくなってしまった。

でもこの時のショックがもしはじめてのことだったら、私はなんとか一人で乗りきれたかもしれない。

あそこまでボロボロにはならなかったかもしれない。

でも今回はちがっていた。

だって、先生からのいじめは小学校の時にもあったし、
私はこの担任から部活をとおして今までにたくさんの傷を負わされていた。

今まで蓄積《ちくせき》されていた傷が、これをきっかけに吹き出してしまったのだ。

そして、ボロボロに傷ついた私のこころは、言いしれぬ孤独《こどく》な世界をただよいはじめた。

「私は一人ぼっち。誰も私のこの痛みはわからない。人を信じてはいけない。生きている意味が見つからない。死にたい」

地球上で、自分がいちばん不幸な生き物みたいに思えた。

大人は「夢を持って強く生きろ」「自分の興味のあるものを何か見つけろ」なんて簡単に言うけど、将来に対する夢を見る気力も、興味のあるものを探す力も、その時はなにもないんだよ。

だって、生きる気力までうばわれてしまっているのだから。

もし夢や希望を持っていたとしても、夢と希望と共に、生きる力まで根こそぎうばうのが「いじめ」なんだよ。


「死にたい」

そんなことを思っている私の気持ちにまったく気づかないお母さんは、ただただ、その先生に対する怒りを私にぶちまけていた。

一緒に怒ってくれるのは悪い気しないけど、「だけどどうせ何もできないでしょ」と私は冷ややかに見ていた。

私はあの時、お母さんと一緒に怒る気力も残っていないほど、こころが弱っていたんだよ。

お母さんがここで文句《もんく》言って怒っていても、学校にもその先生にもなんの影響もない。

でもね、友達たちはちがった。

なにしろ友達はみんなその現場にいる。見ている。知っているんだ。

悲しみの原因がある現場のその教室のなかにいる友達が、みんな私の苦しみを肌で感じ、「一人じゃないよ、一緒にがんばろうよ」と寄りそい、支えてくれたんだ。


人を信じることができず、死にたいと思った私だけど、だけどやっぱり人によって支えられた。

友達があの時、私が一人ぼっちじゃないことを感じさせてくれた。

人は一人ぼっちじゃ生きられないことを、私に教えてくれた。

支え合いながら人は生きていく、ということを。


私をいじめたのは担任の先生。

先生という立場で、そしてその圧倒的な威圧感《いあっかん》で私たちを苦しめた。

子ども同士のいじめとはちがうんだよ。


小学校に入学する時、おじいちゃんとおばあちゃんは私に赤いランドセルを買ってくれた。私は入学式がとても楽しみだったことをはっきり憶《おぼ》えている。

今、私はあらためて思う。

学校ってもっと楽しいところだと思っていた。


そんなこんなで、正直楽しいばかりの中学校生活ではなかったけれど、友達はたくさんできた。

なので私は、高校に夢をかけた。

あの、あこがれの吹奏楽部でがんばるんだ！

いやなことなんか全部忘れて、スタートするんだ！

私はあの吹奏楽部入部の夢を叶えるためにその高校を選び、ついにその吹奏楽部に籍《せき》を置くこととなった。

中学の時にはトランペットにあこがれていたけど、このころには友達が吹くトロンボーンのかっこよさにあこがれるようになっていた。

中学の時、トロンボーンを吹いていたのはユッコ。

時々貸してもらって吹いたけど、すごくむずかしかった。

腰《こし》をすえてがんばらなくちゃ！　そう決心して、私ははじめての楽器トロンボーンに挑戦することを決めた。

トロンボーンはお父さんの友達が使っていたものをゆずってもらった。

鳴《な》りの良い名器《めいき》だそうだけど、私にとっては手強《てごわ》いヤツ。

思いどおりの音を出すって、本当に大変！　むずかしかったなぁ。

それでも、そのトロンボーンには「サトちゃん号」と名づけてかわいがった。

ちなみに私は自分の持ち物に名前をつけるのが趣味《しゅみ》。

家ではいていたウサギのスリッパは、ヘチャコだ。

お気に入りのカエルのぬいぐるみはゲンさん。

お父さんのギターは弦ぞうさん。


なかなか音が出ないトロンボーン。

むずかしいのは百も承知《しょうち》で、やる気だけは満々。

そのうち、音も少しずつ出てきて楽しくなってきた。

家の窓ガラスに映《うつ》るトロンボーンを吹く自分の姿。

まだまともに吹けやしないのにウットリ。

ほんのわずかの進歩がうれしくてたまらない日々、その後も意気揚々《いきようよう》と部活に通うはずだったのに……。


私の目の前に、大きな壁が立ちはだかった。

それはまたしても「いじめ」。

それも、あこがれて入部したあの吹奏楽部内でのいじめ。

おまけに、いじめていたのはみんなクラスまで一緒の子たち。

今までもいじめの経験はあったけど、今度のはちがう。

私から吹奏楽部をとりあげようとしている。

小学校からのあこがれだったこの吹奏楽部が、夢の吹奏楽部が、いま目の前でまったくちがうものに変わってしまった。

私の小学校からの夢、私の将来の夢までもすべてうばおうというの？

怖かった。悩んだ。苦しくて、とてつもない恐怖に私はひるんだ。

人格を否定され、存在を無視されることの苦しさを、こころと体のすべてで感じ、私は次第にものごとを正しく考えることができなくなっていった気がする。

私の変化に気づいたお母さんは、学校の先生に相談した。

先生は「しばらく様子を見てみましょう」と言い、お母さんも「よろしくお願いします」と言っていた。

でも私は言いたい！

ちがうんだよ。大人がみんなで様子を見ていたって、いじめはなくならないんだよ！

大人がいじめの事実に気づく時には、もう子どもたちは長く深刻に苦しんでいて、限界が近いということを知っておいてよ！

あの時、先生もお母さんも、いじめられる子どもたちの本当の想いや苦しみについて何も知らなすぎた。

いじめを止めてほしい、という私の最大の願いにはこたえてくれなかったんだ。

だから、いじめのことを何も知らないお母さんは、いじめの被害者である私にばかり色々やっていた。

私を相談センターにつれて行ったり、メンタルクリニックへつれて行ったり、安定剤《あんていざい》を飲ませたり。

でもね、私はそんなことより、一日も早くいじめを止めてほしかっただけなんだよ。

私が一番望んでいたのは、あの子たちのいじめを大人たちに止めてもらうことだったんだよ。

ある友達は、私が肩パンチをされていることや、自分が聞いていても気分が悪くなるほどの言葉の暴力《ぼうりょく》を私が受けているということをお母さんに伝えてくれていた。

別のある友達も、私が苦しんでいることを先生に伝えてくれていたんだ。

だけど、先生も親も、誰もいじめっ子のいじめを止めてはくれなかった。

そのころ私は、急にアトピーがひどくなってきた。

こころだけでなく、肉体もどんどん病んでいった。

ご飯も食べられない状態になっているのに、顔だけははれ上がり、熱でむくんでいた。

ふだんおさまっているアトピーが、精神的につらいことがあると悪化《あっか》することに私は気づいていた。

そんな顔の私が、ある日勇気を出して学校へ行ったら、やっぱりいじめっ子のなかの一人から、

「みにくい顔で学校こないでよ。治してからきて！」

と言われた。

そのあと部活へ行ったら、今度はその子たちから完全に無視をされた。

そうかと思うと、翌日からは髪型や服装まで指示されるようになったり、ストーカーのようにつきまとわれたりもした。

話しあいをするから帰りに公園に来るようにと言われた時は、本当に怖かった。

一方的に言いたいことを言って、何もかも私の責任にするなんてひどすぎる。

あんなの話しあいじゃない！

日々くり返される言葉の暴力、時には肉体への暴力、そして無視。

もういい加減にしてほしかった。

私は精《せい》も根《こん》もつきてしまっていた。

なにをどう考えたら良いのかわからないし、このままがんばっていても状況《じょうきょう》が良くなるきざしはどこにも見えなかった。

いつまで我慢《がまん》すればいいのか、だれか教えてほしかった。


いつ止《や》むともしれないさまざまな暴力は、私から考える力も生きる気力もうばっていった。

だれも助けてくれないことに最初はいらだっていたが、それでもだれかがなんとかしてくれるのではないかと、どこか大人に期待している自分もいた。

しかしそんな自分がだんだん情けなくなってきてしまい、ついにあきらめの感情が芽生《めば》え、親と学校への期待はいつしか完全に消えさってしまっていた。

そんななか、一人だけ私の苦しみに寄りそってくれる人がいた。

それは、相談センターの先生。

親でも学校の先生でもない微妙《びみょう》な距離感《きょりかん》とその先生の優しさが私のこころを開かせた。

私の話に耳をかたむけて、それはそれは一生懸命話を聞いてくれた。

そして、相談センターの片すみで、ゆっくりと眠らせてもくれた。

私の経験とその苦しみのすべてを受け入れ、

「つらかったね、悲しかったね。よくがんばったね」

そう言ってくれたんだ。

まるで、何もかも吸いこんでくれる、やわらかいスポンジのような人だった。

私のことを完全には受け入れてくれていないお母さんとはちがっていた。

だって、お母さんはやっぱりこころの奥では学校へは行かせたがっていたから。

「この苦しみをがんばって乗りこえたら立派な先輩になれるね」なんて、まるで私ががんばっていないみたいなことも言っていたし、「お母さんだってつらい」なんて言われた。

それじゃまるで私がお母さんをいじめているみたいじゃない！

でも、このことで必死に動きまわっているお母さんを見ていて、かわいそうに感じたこともあった。

どうしたら良いのかまるでわからず、ただただ学校や相談センターや病院や友達に相談して動きまわっていた。

お母さん、いじめはね、いじめ問題の知識もなく、解決策《かいけつさく》を持たないまま、ただ思いつきで動きまわってもダメなんだよ。

あの時のお母さんは何をやっても全部からまわり。無知《むち》は罪なんだよ。

いじめを解決する方法を知らない大人が、いじめ被害者をさらに追いつめているんだ。

もうだれも私を助けることはできない。

先生も、親も、吹奏楽部にかかわるすべての大人たちも。

だからこの苦しみの現実はずっと変わらない。

そのことを私ははっきりと知った。

いつ終わるかしれない苦しみってどんなものかわかる？

私はひとりぼっちであることを、あらためて強く実感した。

いじめがはじまって3ヶ月半。

たった一日のいじめだって、つらくて長い地獄《じごく》のように感じるんだ。

その100日分の苦しみを体験した私は、もう限界《げんかい》だった。

この間に感じ続けていた孤独と苦しみは、突然、さらに大きな絶望《ぜつぼう》へのエネルギーとなって私をつつんだ。

そして、そこには私が生きる意味はなにも存在していなかった。

すべてが闇《やみ》であり、すべてが無《む》になった時、私はこの肉体を捨《す》てることにした。

なので、私は自分の意思で死んだ。

死にたいというより、消えてなくなってしまいたかったというほうが正しいかもしれない。

また、死という一点へ追いつめられるような、とてつもない大きなエネルギーが存在していたことも事実。

私は生きている時に一つの言葉をお母さんに託《たく》していた。

7月21日夜7時過ぎ、お母さんと二人でコンビニへ行った帰り道、手をつなぎながらこう言ったんだ。

「優しいこころが一番大切だよ」

だってね、お母さんたら歩きながらず〜っといじめている子たちの悪口《わるぐち》言ってるんだもん。

私はあの時、あの子たちの悪口を言うより、自分のなかの大切なものを確認《かくにん》したかったんだ。

でもね、本当のこと言うと、悪口言っているお母さんの姿、ちょっとうれしかった。

お母さんはやっぱり私の味方《みかた》だって思えて、つないでいた手をぎゅっとにぎり返した。

家に帰ってきた時、お母さんは私を抱《だ》きしめながら、

「香澄かわいい〜、どうしてこんなにかわいいの〜。どんな香澄でも大好きだよ」

と言っていた。

なので、私もお母さんの体を思いきり抱きしめた。

実は、「優しいこころが一番大切だよ」っていうこの言葉を、ほかにももう一人に伝えていた。

それは、相談センターの先生。

あの、スポンジみたいな優しい先生。

私が先生に、

「世のなかで一番大切なものは何かな？　私は優しいこころが一番大切だと思うんだけど先生はどう思う？」

って聞いたら、先生は笑顔で大きくうなずいて、「そうだね、そう思うよ」って言ってくれたんだ。

私はとってもうれしかった。

私の想いを優しく受け止めてくれる大人がいてくれることが。

私が自殺行為をしたのは、この言葉をお母さんに託した4日後でした。

病院に運ばれて3日間だけ、お父さんとお母さんとすごしました。

二人にこころの準備が必要かと思ったから。

二人とも病院についた日はガタガタふるえていたけど、少しずつ落ちついてきて、

「香澄は絶対に悪くないからね」

とか、

「優しい女の子に育ってくれてありがとう」

なんてくりかえし私に言っていた。

そして何度も私に「守りきれなくてごめんね」って泣きながらあやまっていた。

私にとっては、いじめから解放されたおだやかな3日間をすごしていたんだけど、お父さんとお母さんにとっては、こころがはりさけそうなつらい時間だったんだと思う。

そして私は7月27日夜の9時すぎ、いじめで亡くなった天国のたくさんの友達に、天国への道案内のため迎えに来てもらいました。

この日は、大好きなお父さんの誕生日。

実は私は、お父さんの誕生日に天国へ行くことを決めていたんだ。

大好きなお父さんの誕生日を、私の魂の誕生日にしたかったから。

だから、お父さんと私の誕生日は同じ日なんだよ。


私の心臓《しんぞう》が止まり、先生から死の宣告《せんこく》を受けた時、お母さんは笑っていた。

私が死んだと聞かされたとき、何が起きたのかわからなかったみたい。

先生の言葉が信じられなかったみたい。

私の死を事実として受けいれられなくて、先生の言葉を聞いた時「冗談やめてよ」なんて言っていた。

その後すぐにこころは凍《こお》りつき、お母さんからは悲しみの感情も表情もなくなってしまった。


私は病院からわが家に戻《もど》って一晩をすごしました。そして翌日、通夜《つや》と告別式《こくべつしき》のために、私は一足先《ひとあしさき》に家をあとにしました。

その時お母さんは、台所の片隅《かたすみ》にうずくまって泣き叫んでいて、私を玄関で送り出してはくれませんでした。

最後に家から出て行く私の姿を見たくないと、とても強く思っていたんです。

その後しばらくして、お母さんは「香澄、どの靴はく？」と玄関で居間に向かって声をあげました。

そのとたん、またうずくまって泣きはじめていました。


でも通夜の時には、また現実が受け入れられなくなってしまい、久しぶりに会った人に手をふりながら、

「わぁ〜久しぶり、本当に来てくれたんだ。ありがとう！」

なんて満面《まんめん》の笑《え》み。

でも通夜の数時間後、その凍りついていたこころはとけて、もうすぐそこにお別れの時が近づいていて二度ともう私と会えないという、すべての事実が実感できてしまったんだ。

だから、私と別れるつらさから告別式の時はボロボロだった。

立っていることもむずかしそうでヨロヨロしていた。

最後の私とのお別れの時は、もうなにを言っているのか叫《さけ》んでいるのかわからないぐらい。

でも私ははっきりとあの時聞こえたよ。

お父さんとお母さんが声をそろえて私に、

「生まれてきてくれてありがとう」

って言っていたこと。

そして、私がお母さんに、

「いっぱい遊んだね」

と言ったら、お母さんが私の声に気づいて、

「そうだね、いっぱい遊んだね」

って泣きながら言っていたこと。


告別式が終わった直後から、お父さんとお母さんは、私にどんないじめがあったのかを知るために、学校の先生と色々話しあっていたけれど、学校の先生は「いじめはなかった」って言っていた。

そんなはずないよ。

私は、あんなに苦しかったんだよ。生きることができないほどに傷ついていたんだよ。

色々なこと言われて、されて、本当にこころが痛かった。

「だから先生、本当のことを言って」って天国から先生にお願いしていたけれど、私の願いは届かなかった。

あのころのお父さんとお母さんも生きるのがやっとだったみたい。

それからまた約1ヶ月が過ぎたころ、お父さんとお母さんは、

「香澄が生まれてきた意味と、今の時代《じだい》に死んでいった意味を絶対に探す」

と、ちかいあっていた。

私は何度も「もういいんだよ」って言ったんだけど……。

でも、私と同じ思いをして苦しんでいる子どもたちが全国にいること、いじめの問題を解決できずに子どもたちが今も死に続けている事実に対して、自分たちにできることを探さなければならない、と手探りでいじめ問題の勉強をはじめたんだ。

専門家《せんもんか》の話を聞きに行ったり、本を買ってきて読んだり、地域《ちいき》の人に話を聞いてもらったり。

とにかく思いつくことを片《かた》っぱしからはじめていた。

でもこの作業はかなり精神的につらいようだった。

理由は、勉強すればするほど、自分がいかにいじめ問題に無知であったかということを知ることになったから。

そして、

「やっぱり私が香澄を殺したんだ！　守れなかったのは、何も知らなかった私の責任だったんだ！」

と、お母さんは自分の失敗に気づいては、自分を責めながら泣き叫び、お父さんをずいぶん困らせる日々が続いていた。

自分たちにできることを探すという決心はどこへやら、気力《きりょく》も失《う》せてしまい、どうやって死のうか考えはじめてしまっていた。

しかし、皮肉《ひにく》なことに死に方を決めたその時、「これならいつでも死ねる。せめて香澄の身に起きたことをもう少しだけ追求《ついきゅう》し、香澄の痛みに寄りそい親として慰《なぐ》さめてやりたい」と、私の親としての意識《いしき》に目覚《めざ》め生き続けることになった。

しかしそれは、当然のことながらやはり勉強が必要だ。

勉強を続け、新たな発見のなか、やはりいじめを社会問題として発信しなければならないと実感した。

そして、勉強会を開催《かいさい》したり、いじめで亡くなった子どもたちに関する展示会《てんじかい》をはじめた。

実は、その活動のなかで一つの大きな変化が起きた。

それは、人との出会い。

いじめによる子どもたちの苦しみに寄りそい、解決策《かいけつさく》を模索《もさく》している多くの大人たちがいたんだ。

そんな大人たちと、お父さんとお母さんは出会いつながった。

そして、その仲間と、NPO法人を立ち上げ、法人の名前を「ジェントルハートプロジェクト」とした。

「ジェントルハート」とは、「優しいこころ」という意味。

そう、私がお母さんに託した「優しいこころが一番大切だよ」から名づけられたんだ。

お母さんは、私が天国に旅だってから、ずっと私が言い残したこの言葉が気になっていた。

そしてやっとその意味に気づいたみたい。

ＮＰＯを立ち上げてからも、気になり続けていた「優しいこころが一番大切だよ」という言葉がずっと頭からはなれず、これを伝える人生を選んだんだ。

そりゃそうだよね。私がしっかりインプットしておいたんだから。

するとある日お母さんは、その言葉を何度も紙に書いて、考えはじめた。

この言葉の意味、伝えたかった本当の意味が何かかくれているのではないか、と。

そして見つけたメッセージは、

「人は一人では生きていけない」

ということ。

私なんか中学校の時に気づいたのにお母さんはおそい。

人は人と出会いつながりながら生きていくもの。

そして、出会った人に支えられたり、時に支えたりしながら生きるということ。

出会った人とつながる時、何よりも一番大切なもの、それが「優しいこころ」だということに気づいたみたい。

そして、ＮＰＯの活動のなかではかならずこの言葉とこの言葉の意味を伝え、出会った子どもたち、大人たちと一緒に、命とこころについて考えながら活動を続けている。

お母さんたちがＮＰＯの活動をはじめて4年目の時。

北海道と九州で起きたいじめ自殺がきっかけで、いじめ自殺問題がテレビや新聞などで大きく報道《ほうどう》された時期があった。

朝昼晩と、連日《れんじつ》テレビを付ければいじめ自殺のこと。

その時、文部科学省《もんぶかがくしょう》が発表していた「いじめ自殺7年間連続ゼロ」という言葉のおかしさについて、各報道局はこぞって発信《はっしん》していた。

もちろん、いじめ自殺がゼロのはずはない。

多くの子どもたちが、いじめで苦しみ死に続けている。

実はこのことが大きくとりあげられたのは、お母さんたちが立ち上げたＮＰＯ法人ジェントルハートプロジェクトの発信がきっかけだった。ジェントルハートプロジェクトには、いじめに関するさまざまなデータをとって研究している人もいる。

お母さんたちは、連日の講演の合間《あいま》にテレビに出たり取材《しゅざい》を受けたりと大忙《おおいそが》し。

そんな忙しい合間にテレビを見ると、いじめのことをまったく知らない人たちが、いじめで亡くなっていく子どもたちのことを好き勝手に批評《ひひょう》していた。

なんと、いじめの被害者にも責任があるという論調が、日本全国にうず巻くことになってしまっていたんだ。

たとえば、「いじめられる子にも原因がある」「自分が死んだらどんなに親が悲しむか想像ができなかったのか」「弱い子だった」「まわりに訴《うった》える力が育っていなかった」「親の育て方に問題があったのでは」「死ぬなんて卑怯者《ひきょうもの》」「戦争《せんそう》や病気《びょうき》や犯罪《はんざい》で、生きたくても生きられない子だっているのに」「命を粗末《そまつ》にした」……という感じ。

自殺をした私は、いじめられる原因を持ち、親の育て方に恵まれない、弱い子だったのだ。自分で勝手に死んだ卑怯者だったのだ。

病気や戦争で肉体の傷によって死ぬ人は強くて、こころが深く傷つき死ぬ人は弱いということなのだ。

人は皆、こころと体を別々に考えている。

こころと体、この二つがそろって一つの命なのに……。

こころが深く傷つくと、考える力、生きる気力《きりょく》がうばわれることがあるという事実を、誰も知らないのかな。

それらの報道を見ていて、天国にいる私はまた傷ついた。

そして何より、今いじめられ、もう死んでしまいたいと思っている子たちの命がとても心配だった。

テレビで連日「あなたにも原因がある」かのように言われ続け、私のように死へと追いつめられた仲間がいるんじゃないかと思えたからだ。


私に、いじめられても仕方《しかた》のない理由、原因はありましたか？

そこに理由があれば人は人を傷つけても良いと思いますか？

人を傷つけても良い権利《けんり》を持って生まれた命はありますか？

たしかにお母さんはいじめのことを深くは理解していなかった。

私が苦しんでいる時、「無理して学校行かなくていい」とか「部活休めば」とか、ある時は「部活を辞めればいい」なんて言ったけど、私の望みはそうじゃなかったんだよ。

私はあの教室に、あの部活にもどりたかった。

入学して、たった3ヶ月半の高校生活だったけど、クラスには大好きな友達がいたし、部活にも優しくてステキで大好きな仲間や先輩がいた。

教室と部活を安全な場所、安心できる場所にしてほしかっただけなんだ。

いじめは、いじめている子がいじめをやめた時にその苦しみから解放《かいほう》される。

傷ついたこころを回復《かいふく》へと向かわせることができる。

だから私は、いじめている子に、いじめをやめてほしかった。

そのためには大人の力が必要だった。

私はあそこにもどりたかっただけなんだよ。

苦しくてたまらなくなって、お母さんにいじめのことを少し話したら「どうしてもっと早く言わないの！」って強く私に言ったね。

どうして言えなかったかわかる？

それはね、大人が解決策を持っていないことを知っていたからだよ。

下手《へた》に動かれて問題がもっと大きくなるのが怖かったんだよ。

それに、親に心配をかけないで何とか解決したいって、こころから願っていたし、そのために
自分なりにすごくがんばっていたんだ。

真実をこころの奥に閉じこめることが、あの時の私にできるせめてもの親孝行《おやこうこう》だったんだよ。


私には今、肉体はありません。

でも、生きています。

いじめのない社会になるため、一人一人にこの思いを届けるため、この言葉のなかに生きているんです。

「優しいこころが一番大切だよ」

いじめのない、やりかえすことの連鎖《れんさ》がない、あたたかい学校と社会になりますように。
優しさの連鎖が生まれますように。

あっ、ユミちゃんがきた。
手にはケーキを持っている。
そうか、今日はお父さんの誕生日だ。
そして私の魂の誕生日。
私が15才で天国に行ってもう16年だよ。
まだ我が家に遊びにきてくれているんだね。
あれれ、エッちゃんもあとからきた。ユッコも！
みんな、お父さんとお母さんを支えてくれているんだね。ありがとう。
3人にサイパンの海へ散骨してもらって、すごくうれしかったよ。
私たち、これからも友達だよね。

ウワァ〜、お母さんになったヨシミも子どもたちを連れてきてくれた！

いじめられている子、いじめている子、今はとてもつらいよね。
でも、私はあなたの人生を空から応援しています。
だから生き抜いてください！

あとがき

我が子が自殺をするという全く予想できない人生を生きることとなった私は、自殺直後から「せめて、我が子の身に何が起きたのかその真実を知りたい。そして心から慰め謝罪したい」との想いを強く持ちました。そして、その結果それを求める人生を歩み始めました。

しかしそれは、想像を絶する長くつらい荒波への航海となりました。

真実を知るために、夫婦で思いつくことを一つずつしていく中、この問題が我が家だけの問題ではなく、大きな社会問題であるという事を知ったのです。

人々が生きづらさの中で混沌と心をさまよわせている社会、その命を全うできないほどに悩み苦しんでいる人々の多さに驚愕を覚えました。

特に、大人から守られるべき子どもたちが自ら命を絶つ、という事実から、この問題を大人の問題、そして全ての根本がここに隠れているととらえるようになりました。

子どもたちがどのような心を持って次の時代を創ろうとしているのか、という視点に立ち問題を見るようになりました。

そして、その苦しみを本人が発信できないことより、仮に発信しても、それを受け止められない、見て見ぬふりができてしまう社会のシステムに大きな問題があると感じています。

私は娘の自殺という結果から、それらの不条理とその闇の深さを知ったのですから、せめて私が娘から受け取ったメッセージをこの問題解決のために発信したいと思い、この本を書きました。

タイトルを「遺書」としたのはその意味からです。

形としての遺書はのこしていませんでしたが、香澄は多くの気づきのきっかけを私たち大人に投げかけていますので、それを私が香澄の口を借り、私なりの表現として、「遺書」としました。

また、一部ですが私が活動の中で知った、いじめに苦しんでいた子どもたちの声も引用しました。

問題解決の糸口を見つけるためには、当事者の声に耳を傾ける、その基本を外すことはできませんでした。

実は香澄は一編の詩をのこしています。

小学校4年の時に「窓の外には」という短い詩を主人のパソコンにのこしていたのです。

「窓の外には」
窓の外には夢がある
夢の隣に自然がある
自然の上には空がある
空の上には星がある
星の向こうに未来がある
未来の向こうに愛がある
愛の中には心がある

人差し指で一文字ずつ文字を探しながら打っていた姿を今もはっきりと憶えています。

亡くなって一週間も経たない時に主人がそれを見つけました。

そしてその数日後、一見しりとりのようなこの詩に、詩を補足してメロディーを付けてくれた方がおり、一つの楽曲として新たな命を吹き込んでくれたのです。

補足したその詩の中には「自由の翼力強く」という言葉があります。

その歌詞を何度も読みかえすうちに、私はこれこそ人権を表している言葉であると実感しました。

夢を持って愛の中で人が生きる幸せ、その権利を誰もが持っていること、
そして、誰からもその権利を奪われてはならないということに気づいたのです。

幸せに自由に生きる権利の象徴、それが「自由の翼」でした。

私たち夫婦はその曲を、「香澄を忘れないで欲しい」という単純な親の想いから、CDにして、一周忌のおり、お別れ会に参列してくださった約500名の方々へ、香澄のメモリアルとしてお送りする事を思い立ちました。

CDにするために、編曲、演奏、録音、歌唱と、多くの方々の協力がありました。

そして、無事制作しお届けすることができました。

しかし、そこで終わるかと思っていたこの「窓の外には」のCDは、その後思わぬ展開を見せ、テレビや雑誌で取り上げられ、その事により今までご縁のなかった多くの方にも、CDが送られるようになり、今では様々な団体が歌い演奏してくださっています。

そして、多くの学校にも広がり、今もこの歌を演奏し、歌い続けてくださっている学校があります。

また、小学校5～6年生の音楽教科の補助教材として全国の子どもたちの元へと届けられたり、岡山県教育庁は、人権教育指導資料としてこの曲を利用し、いじめの予防対策のプログラムまで制作してくださいました。

優しい心で人がつながる一つのきっかけとしてこの曲が存在し、広がり続けていることを大変嬉しく思っています。

もし今苦しんで部屋の中から外を眺めている人がこの曲を聞き、「ちょっと外に出てみようかな。もう一度、信じられる人を探してみようかな」と思っていただけるきっかけになっていたなら幸いです。

また、もう一つ香澄ののこした言葉、本編の文中にある「優しいこころが一番大切だよ」ですが、実はその続きがあります。

「優しいこころが一番大切だよ。その心を持っていないあの子たちのほうがかわいそうなんだ」と続くのです。

これは、「いじめは、いじめられている子の問題ではないんだよ。ついいじめてしまう子の問題なんだよ。いじめてしまう子どもたちの心にしっかり寄り添ってあげてね。しっかり耳を傾けてね」という香澄からのメッセージだと理解しています。

この言葉は、自殺行為4日前の言葉ですから、香澄の精神状態が極限状態であったことが想像できます。それなのになぜ恨みの言葉ではなかったのか、なぜ加害者の立場に立った言葉だったのか、なぜ自分をいじめている子どもたちに対してこのように思うことができたのか、寛《かん》容《よう》な心を持ちあわせていない親の私には疑問もあります。残念ながらその時の香澄の精神状態と構造については、今は知る由《よし》もありません。しかしそこに込められているメッセージは、いじめ問題に対してそれまで大人が持っていた概念を大きくくつがえすものでした。それは、「いじめ問題解決の糸口は、被害者ではなく、加害者に寄り添い加害者を救い出すことにある」

ということだったのではないでしょうか。

いじめを受けている子どもたちへの寄り添いはもちろん大切ですが、それと同時に加害者側への寄り添いという、たいへん重要なことを示唆《しさ》しているのでした。なぜなら、いじめられている子ども達の最大の望みは、いじめている子どものいじめを止めて欲しい、というシンプルなものだからです。ですからこの言葉は、そのための基本的な姿勢を示す言葉だったのだと思えるのです。

NPO法人ジェントルハートプロジェクトが2013年に行ったいじめに関するアンケートでは、いじめ加害者の約7割が、「いじめをしていた頃、自分も悩んだり辛かったことがあった」と回答しています。

いじめている子のいじめを止めればいじめが解決する、としたなら、いじめている子の背景に寄り添った声掛けと、その後の周りの寄り添いが必要だったのです。

いじめてしまう子どもに、

「どうしたんだ、何かあったのか？　いつでも話しにおいで、待っているよ」

と優しく寄り添って欲しいと思っています。

ですから、いじめられている子が変わらなければならない問題ではなかったという事です。

なぜ、「いじめられている子の心に寄り添う」というこの部分の視点ばかりが強調されてしまうのでしょう。

その理由として一つ思いつくことがあります。

それは、多くの大人は人を自分の勝手な解釈で、「強い人」「弱い人」と安易に表現し、知らず知らずにそれを人を差別化するバロメーターとしています。

想像力の欠如《けつじょ》が、いじめと差別を生み出し、「そのままの自分で良い」ではなくなってしまうからではないでしょうか。

それでも、私は人の真の強さというものを表す言葉はあると思っています。

それが「優しさ」です。

私は、人間の信条を優しさと理解して活動を行っていますが、この言葉をのこし、それをこの人生で守り抜いたであろう我が子に対して心から敬服しています。

ですから、その香澄から私はどうしてもその信条を本人の口を通して語って欲しかったのです。

たしか香澄が2~3歳の頃でした。

私の瞳に映っている自分の姿に気づき、「お母さんの中に香澄がいる!」と、驚きながら食い入るように私を見つめていた事がありました。

あれから約30年が過ぎた今では、香澄のほうが私の心と体の中でいっぱいになっています。

これを書いている2014年7月27日は、偶然ですが香澄の命日です。

今年の命日は、改めて香澄の人生の長さについて向き合う事となりました。

理由は、香澄の人生15年7ヶ月を超える長さを、自分が遺族として生きていることに気づいたからです。

様々なつらい経験の中、あまりにも人生が長いと感じた事もありましたが、

それでもやはり、自分の生きた人生を思い返せば、香澄の人生はこんなに短かったのだとい

う実感があります。

ですから、守り切れなかったことを親としてわび、遺族として香澄で満たされた心と体で残りの人生を生きて行こうと思っています。

しかしそれは、香澄の人生の長さより、より長い時間を生きることに罪を感じながらの人生でもあります。

まだまだ思慮も浅く、もしかしたらいくつもの誤解がまぎれているかもしれません。

しかし、気づきの連続である人生をわが子から与えられましたので、真実を元に若干のフィクションも加え、私なりにですが香澄と語りながら、自分の反省の思いを込め書いた本です。

この本が、本来大人に守られるべきはずの子どもたちの心と命を守る一助になりましたら、天国の子どもたち、そして私と出会い多くの示唆をしてくださった皆様への、せめてもの恩返しになるかもしれません。それを心から祈念して筆をおきます。

生まれてきてくれてありがとう

〜この詩を香澄へ、そしてすべての子どもたちへ贈ります〜

ありがとう　生まれてきてくれて
ありがとう　病気をしたとき　いっぱいいっぱい心配させてくれて
ありがとう　多くの出会いをプレゼントしてくれて
そして楽しい思い出いっぱいくれて
ありがとう　生きる意味を考えるチャンスをくれ
すべての命がいとおしいと感じさせてくれて
ありがとう　お父さんとお母さんが出会ったこと　間違いじゃないって気づかせてくれて

ありがとう　こんな私に子育てさせてくれて　あなたをこんなに愛させてくれて
ありがとう　教室の中の子どもたちの苦しさ悲しさ　いっぱい教えてくれて
ありがとう「優しいこころが一番大切だよ」の言葉を残していってくれて
そして、この言葉を伝える人生をくれて
ありがとう　15年と7ヶ月私と生きてくれ　いつかまた会える楽しみをくれて
お母さんそれまでがんばって生きるよ
ありがとう　ありがとう　ありがとう……
言い尽くせないたくさんのありがとう
でもごめんね　守りきれなくて
ありがとう　ありがとう　ありがとう……
すべての子どもたちへ　生まれてきてくれてありがとう！

小森美登里（こもり みどり）

昭和32年神奈川県生まれ。NPO法人ジェントルハートプロジェクト理事。
1998年、高校入学間もない一人娘の香澄さんをいじめによる自殺で失う。それをきっかけに、いじめが社会の大きな問題であることを知り、いじめのない社会、あたたかい教室と学校を目指し夫婦で活動を始める。2002年ジェントルハートプロジェクトを仲間と共に立ち上げ、講演、展示会、勉強会の開催等の活動を開始。翌年、NPO法人化し、活動を全国で展開。小学生から大人までを対象とした講演は1,000回を超える。子ども達には、自分と友達の「心と命の存在」を知り、互いを尊重し合えるよう、問い掛けをしながらの講演をし、大人達には、今まで正しいと思っていたいじめに対する対応の振り返りと、親として大人としてできることの提案をしている。

ブックデザイン …… 内川たくや（UCHIKAWADESIGN）
DTP …… ワイズ
装画 …… やまぞえみよ
校正 …… 小倉優子

遺《い》書《しょ》 わたしが15歳でいじめ自殺をした理由

2014年8月28日 初版第1刷発行
2014年10月20日 第2刷発行

著者 …… 小森美登里
発行者 …… 玉越直人
発行所 …… WAVE出版
〒102-0074 東京都千代田区九段南4-7-15
TEL 03-3261-3713／FAX 03-3261-3823
振替 00100-7-366376
E-mail: info@wave-publishers.co.jp
http://www.wave-publishers.co.jp
印刷・製本 …… 萩原印刷

NDC371 63p 21cm
ISBN978-4-87290-711-7